27/10/98 : traces de
moisissures constatées
(anciennes ?) → contrôle
noté sur p. de titre pour
pouvoir juger d'éventuelle
extension.
PV

DE LA

RÉVOLUTION FRANÇAISE,

COMPARÉE

À CELLE DE L'ANGLETERRE;

OU

Lettre au Représentant du peuple BOULAY
*(de la Meurthe), sur la différence de ces
deux révolutions;*

Pour servir de suite à l'ouvrage publié par
ce Représentant sur celle de l'Angleterre;

Par J. B. SALAVILLE.

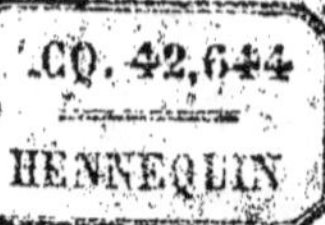

À PARIS,

Chez REVOL, libraire, rue Thomas-du-Louvre,
passage Longueville;

Et chez VATAR, Imprimeur-Libraire, rue des
Pères, n.° 61.

AN SEPTIÈME.

DE LA

RÉVOLUTION FRANÇAISE

COMPARÉE A CELLE DE L'ANGLETERRE,

OU

Lettre au Représentant du peuple Boulay (de la Meurthe), sur la différence de ces deux révolutions ;

Pour servir de suite à l'ouvrage publié par ce Représentant sur celle de l'Angleterre.

Par J. B. SALAVILLE.

CITOYEN REPRÉSENTANT,

Vous avez eu sans doute un motif très-louable en publiant votre ouvrage sur la révolution d'Angleterre ; c'est un avertissement indirect que vous avez voulu nous donner de ne pas nous conduire comme les anglais se conduisirent à cette époque : en nous présentant le tableau de leurs folies, de leurs divisions, de leurs excès et enfin du régime tyrannique et dilapidateur par lequel ils voulurent établir la république, vous avez espéré que nous nous reconnoîtrions nous-mêmes dans ce tableau et que cette image nous portant à réfléchir sur notre situation, nous sentirions la nécessité d'adopter une autre

A.

conduite , de suivre un autre système , et en un mot , de faire tout autre chose que ce que nous avons fait jusqu'ici.

Mais on m'assure que votre ouvrage produit un effet bien différent de celui que vous en avez attendu ; qu'il décourage les vrais républicains, les sincères amis de la liberté ; que d'un autre côté il ranime singulièrement les espérances des royalistes par l'espèce de conformité qu'ils croyent appercevoir entre la révolution d'Angleterre et celle qui vient de s'effectuer chez nous et que c'est à leurs yeux une caution suffisante de la contre - révolution , après laquelle ils soupirent.

Il me semble donc qu'il importe pour rassurer et encourager tous les vrais amis de la république et pour ôter aux autres une illusion qui ne les rendroit que plus obstinés à poursuivre un but qui leur est impossible d'atteindre , il me semble, dis-je, que c'est leur rendre service à tous , et en même-tems à la chose publique , que de montrer combien peu se ressemblent les deux révolutions qu'on croit parfaitement semblables , et qu'on ne peut véritablement rien conclure de l'une à l'autre.

C'est ce que je vais essayer de développer dans cet écrit où j'espère prouver jusqu'à l'évidence que le rétablissement de la monarchie sous quelle forme qu'elle se présente est désormais impossible chez nous , et ce n'est pas sur notre républicanisme que je fonde mon opinion à cet égard, c'est sur la force des choses contre laquelle quelquefois la sagesse ne peut rien , mais qui est aussi quelquefois plus puissante que la folie, ou si vous l'aimez mieux , ce ne seront pas nos vertus qui nous épargneront la honte de revenir à un régime que nous avons abjuré , c'est parce qu'il ne peut plus , comme autrefois , se coordonner avec nos vices.

Mais pour arriver à la démonstration de cette vérité, il faut d'abord examiner en quoi la situation politique de l'Angleterre, avant sa révolution , différoit de celle de la France avant la sienne , car il est essentiel d'entrer dans cet examen pour en déduire, avec quelque certitude, la différence ou l'identité des causes et des effets des deux révolutions.

Situation politique de l'Angletere avant sa révolution , et situation politique de la France à l'époque de la sienne.

Vous m'accordez , je crois , sans difficulté , que la constitution monarchique des deux peuples aux époques dont nous parlons n'étoit point essentiellement la même , qu'il y avoit au contraire une très-grande différence entre ces deux constitutions. L'Angleterre avoit dans son parlement une véritable représentation nationale , tandis que nos douze parlements, quoique s'intitulant les *états généraux au petit pied* , ne formoient qu'une aristocratie judiciaire.

La noblesse angloise ne ressembloit pas non

plus à notre noblesse; la première formoit un sénat héréditaire, une branche du corps législatif, car on ne reconnoissoit pour nobles que ceux qui siégeoient ou qui étoient appellés à siéger à la chambre haute, leurs frères même ne jouissoient pas de ce titre, on le leur donnoit quelque fois par courtoisie; mais dans le fait ils ne l'avoient pas, et à l'égard de ce qu'on appeloit *gentry* ou petite noblesse, elle n'avoit rien qui la distinguât des autres citoyens, c'étoit ce qu'on nommoit chez nous *honnête famille*, les places qu'elle occupoit tout autre pouvoit les occuper; il en est de cela comme du mot *gentleman* que nous avons traduit par celui de *gentilhomme* et qui revient en anglais à notre ci - devant qualification de *monsieur*.

La noblesse n'étoit donc pas en Angleterre ce qu'elle étoit en France; là c'étoit un droit et une fonction politique, ici c'étoit un titre sans fonction auquel on attachoit des privilèges, des distinctions, des droits humilians, onéreux et oppressifs pour le peuple, et comme en Angleterre les nobles composoient une branche déterminée du gouvernement il s'en suivoit que leur nombre étoit limité; il se réduisoit à quelque centaine d'individus, tandis qu'en France il alloit toujours croissant, soit par l'effet de la transmission héréditaire à tous les individus d'une même famille, soit par la vénalité; de manière qu'ils étoient parvenus à former une nation à part dans la nation, un peuple étranger à l'autre peuple.

Ces différences essentielles dans la constitution politique des deux pays, en mettoient une très-grande dans la royauté qui appartenoit également à ces deux constitutions. Le gouvernement en Angleterre étant composé des lords et des communes, la royauté s'y trouvoit en quelque sorte identifiée avec la représentation nationale ; elle y étoit pour ainsi dire populaire, tandis qu'en France le peuple étoit d'un côté, le roi de l'autre ; celà est si vrai que les parlements se prétendoient corps intermédiaire entre le peuple et le monarque ; ils formoient ou devoient former une espèce de *coin diviseur*, et s'ils avoient en effet rempli cette destination, on leur auroit dû quelque reconnoissance ; mais à l'exception des derniers temps où ils crurent qu'il étoit de leur intérêt de s'opposer à quelqu'une des entreprises de la royauté, ils n'ont servi qu'à appesantir et à river les fers du peuple.

Une autre circonstance remarquable dans la position respective des deux nations, c'est qu'en Angleterre la réforme avoit réduit le clergé à un tout autre pied que celui où il étoit en France ; là ce n'étoit point ce corps nombreux et puissant, propriétaire de la plus grande partie des biens de l'état, s'intitulant insolemment le premier ordre, reconnoissant un chef étranger et ne voulant pas dépendre des autorités nationales ; la réforme l'avoit, pour ainsi dire, nationalisé : la plûpart de ses biens, de votre propre aveu, avoient été vendus ou dissipés par les rois qui se les étoient appropriés ; les monastères et les couvents avoient été détruits, et quoiqu'on eût conservé une sorte d'hiérarchie dans le clergé réformé, les premiers dignitaires ne pouvoient entrer en comparaison, ni par leurs richesses, ni par leur nombre avec les premiers dignitaires de l'ordre ecclésiastique chez nous.

Voilà, si je ne me trompe, des différences qui, toutes choses égales dailleurs, ont dû apporter de grandes modifications aux révolutions survenues chez les deux peuples ; mais nous allons voir qu'il n'y a pas plus de conformité entre les motifs respectifs de ces révolutions qu'entre la situation politique des nations qui les ont éprouvées, et nous arriveverons à cette conclusion : qu'il étoit fort naturel que la contre-révolution eût lieu en Angleterre, tandis qu'il seroit bien extraordinaire qu'elle eût lieu en France.

Des Causes et des Effets des deux Révolutions.

Tout est une suite de causes et d'effets : l'effet devient cause à son tour, de manière que si l'on vouloit arriver au principe de tous les changemens successifs, il n'y auroit aucune raison de s'arrêter à telle ou telle époque ; il faut donc pour ne pas divaguer se fixer à la cause déterminante et tâcher de la bien saisir, car c'est de là surtout que dépend l'explication de l'effet.

La cause déterminante de la révolution en Angleterre fut, de l'aveu de tous les historiens,

la haine des *presbytériens* pour les *épisco-*
paux et l'obstination du roi Charles à soutenir
ceux - ci contre le vœu bien prononcé des
autres, qui formoient la grande majorité du
peuple anglais. Les uns vouloient que la réforme eût tout son développement, les autres
vouloient la limiter. Le roi Charles crut essentiel à ses intérêts de soutenir ceux-ci et de
ne pas déférer à la volonté des autres. Voilà ce
qui produisit d'abord la guerre civile en Angleterre et ensuite la mort de Charles sur un
échafaud : les autres griefs auroient été facile-
ment arrangés, si celui-là avoit pu l'être.
Charles auroit volontiers consenti à ce qu'on
exigeoit de lui, si l'on en avoit excepté cet
article, et le parlement auroit défendu avec
bien moins de chaleur ce qu'il appeloit ses droits
et ses libertés s'il avoit obtenu l'abolition de
l'épiscopat.

On peut donc dire qu'il n'y auroit point eu
de révolution en Angleterre sans cette querelle
religieuse, et dès-lors il est aisé de voir qu'elle
eut en Angleterre une cause toute différente
de celle qui l'a déterminée en France.

Ici tout étoit parfaitement tranquille : l'in-
différence pour la religion étoit poussée à un
point qui ne permettoit pas de craindre qu'elle
pût devenir un sujet de trouble et de dissen-
tion. Le mépris avoit fait justice des querelles
du jansénisme et du molinisme ; la philosophie
s'étoit emparée de ces débats pour ridiculiser
l'institution même qui leur avoit donné lieu,
et elle étoit parvenue à la rendre ridicule : cette
institution ne se soutenoit plus que par la

richesse et les énormes privilèges des individus intéressés à la maintenir.

D'un autre côté, nulle fermentation politique.
Le peuple acclimaté dans sa servitude ressembloit à ces malades qui n'ont pas la conscience
de leur état et qui près de périr, ou au moment
d'éprouver une crise terrible, répondent quand
on les interroge, qu'ils ne souffrent point.

Telle étoit notre position : ce n'est donc pas
le peuple qui a mis pour ainsi dire le feu à
l'amorce ; ce n'est pas lui qui a provoqué cette
fièvre ardente dont les paroxismes ont déve-
loppé sa force invincible et produit l'évacua-
tion de tout ce qui l'obstruoit. C'est hors du
peuple qu'il faut chercher la cause de ce grand
phénomène.

Nous n'avons pas besoin pour la trouver de
remonter au tems de la féodalité, ni d'analyser
les progrès des lumières qui, quoiqu'on leur
fasse honneur de la révolution, en sont je crois
bien innocentes. Malgré tout notre savoir et
toute notre philosophie, je pense que nous
aurions pu vivre fort longtemps dans l'état où
nous étions, si notre changement de position
avoit dépendu de leur influence.

Quelle a donc été parmi nous la cause effec-
tive de la révolution ?

Vous savez qu'une cour déprédatrice gas-
pilloit sans ménagement les deniers publics :
le système commode des emprunts introduit
dans les derniers tems en facilitant les moyens
de fournir aux dilapidations augmenta la soif
de dilapider ; soit qu'on ne crût pas pouvoir
la satisfaire plus longtemps de cette manière,

soit qu'on voulût augmenter la facilité d'emprunter en donnant de nouveaux gages aux prêteurs, un ministre entreprenant et jouissant de toute la confiance des vampires qu'il méritoit si bien, immagina de créer de nouveaux impôts; mais ne sachant pas jusqu'où pourroit aller la longanimité du vrai peuple français, c'est-à-dire de ce qu'on appelloit alors le tiers-état, et voyant dans cet autre peuple de nobles et de prêtres dont j'ai parlé plus haut, des richesses immenses et vierges de contributions, il osa tenter de les soumettre à la voracité du fisc.

Ce qui l'encouragea dans cette entreprise, c'est que dans ce peuple même de nobles et de prêtres, il s'étoit formé une espèce d'olygarchie; une certaine classe de favoris avoit là toute puissance, obtenoit toutes les grâces de la cour, et le reste n'avoit ni crédit ni puissance; cependant on voulût bien paroître ne les imposer que de leur consentement, et cette formalité qu'on avoit depuis long-temps abrogée pour l'autre peuple, on la crut nécessaire pour celui-ci; on convoqua donc une espèce d'assemblée représentative de ce peuple, sous le titre *d'assemblée de notables* à laquelle le ministre fit part de son projet : il eut beau l'assaisonner de tout ce qu'il immagina de plus propre à le faire adopter, le résultat de sa témérité fut sa disgrace ; mais l'alarme étoit donnée et la cour se trouva dès-lors en opposition avec la noblesse et le sacerdoce ; il fallut dissoudre cette assemblée de notables et ne rien attendre que de l'autorité la plus arbitraire.

Le ministre disgracié fut remplacé par un prélat ambitieux qui, comme plusieurs de ses confrères, se moquoit de la religion, mais non pas des revenus ecclésiastiques : il commença par s'en pourvoir largement et par doter libéralement sa famille, après quoi reprenant en sous-œuvre les plans de son prédécesseur, il y fit les modifications qu'il jugea convenables, leur donna la forme des édits, et munis de la signature du roi, les envoya aux parlemens pour les faire enregistrer ; mais les tems étoient changés ; la rébellion des nobles et des prêtres contre la cour étoit décidée ; ceux-ci avoient déjà présenté une requête dans laquelle ils demandoient la garantie de ce qu'ils appelloient leurs privilèges et leurs immunités. Les parlemens composés de nobles et de prêtres refusèrent l'enregistrement, et ce qu'ils n'avoient pas fait jusqu'alors pour le vrai peuple qui leur étoit étranger, ils le firent pour leur peuple ; ils avouèrent qu'ils n'avoient pas le droit de consentir les impôts et demandèrent la convocation des *états-généraux*.

Ici le vrai peuple commença de prendre part à la dispute élevée par ses oppresseurs ; il prévit que si la convocation des états-généraux avoit lieu, il compteroit pour quelque chose, lui qui depuis longtemps ne comptoit pour rien et qui s'étoit résigné à vivre dans cette nullité ; il appuya donc de toute la force de son opinion la demande des parlemens.

La cour sentit très-bien le péril dans lequel elle s'étoit engagée ; mais la force des choses ne lui permettoit plus de revenir sur ses pas : n'ayant pour elle ni la noblesse, ni le peuple, le despotisme fut en quelque sorte effrayé de sa solitude ; l'arrestation de quelques parlementaires, l'exil des autres, furent les seuls actes qu'il se permit, et pour neutraliser la résistance des parlemens, il imagina de supprimer la formule de l'enregistrement. Il falloit pourtant pallier cette suppression, qui dans les circonstances devoit nécessairement indigner et révolter le peuple, et pour cet effet on créa ce qu'on appela *la cour plénière*, c'est-à-dire, une espèce de conciliabule, composé des familiers et des domestiques de la cour, qu'on chargeoit de défendre et de soutenir les droits et les intérêts du peuple. L'excès du ridicule empêcha cette institution d'avoir lieu ; on vit seulement une fois dans les gazettes que le roi, tel jour, avoit tenu sa cour plénière, et il n'en fut plus question depuis.

Les *grands bailliages* qu'on avoit voulu substituer aux parlemens ne réussirent pas mieux ; personne ne voulut accepter des places dans ces tribunaux de nouvelle création, et ces enfans morts-nés n'arrivèrent jamais à l'existence positive ; il fallut donc convoquer les états-généraux, après avoir épuisé tous les moyens compatibles avec les circonstances de ne pas les convoquer. Mais la cour sachant très-bien que la noblesse et le clergé y apporteroient contre elle les dispositions les plus hostiles, et craignant l'effet de ce ressentiment s'ils dominoient absolument cette assemblée, crut devoir prendre des mesures pour empêcher cette domination , et c'est à cette crainte qu'on dut la double représentation accordée au tiers. On se berça de l'espoir de contenir par le peuple les ordres privilégiés , et d'obtenir par lui sur eux ce qu'on n'avoit pu obtenir de leur consentement.

D'un autre côté , pour se ménager la ressource d'opposer les ordres privilégiés au peuple , on laissa indécise la question du vote par ordre ou par tête ; on sait le succès qu'eurent ces petites vues , qui peut-être étoient les seules qu'on put avoir en ce moment. Mon projet n'est pas d'écrire l'histoire de la révolution ; je ne suis entré dans ces détails que pour faire voir combien elle diffère dans ses causes avec celle de l'Angleterre , à laquelle on veut la comparer. Là il n'y avoit point d'ordres privilégiés ; un changement de liturgie étoit tout ce qu'on desiroit ; cette querelle ne touchoit point à la constitution politique de l'état ; elle ne sortoit pas du fonds même de cette constitution.

En France, au contraire , notre grande querelle révolutionnaire est née du vice même de notre organisation sociale ; celle de l'Angleterre pouvoit se terminer sans révolution politique ; la nôtre supposoit nécessairement cette révolution.

Il me semble que cette diversité donne un caractère bien différent à ces deux époques. Aussi nous allons voir que la république n'étoit pas la conséquence nécessaire de la révolution anglaise, et que la nôtre devoit nous y conduire , eussions-nous voulu ne pas y arriver.

Que la révolution en France devoit nécessairement y amener le gouvernement républicain.

La conséquence naturelle de la double représentation du tiers aux états-généraux étoit l'anéantissement des deux ordres privilégiés, car il étoit impossible qne les représentans du peuple consentissent à perdre cet avantage, en se soumettant à délibérer par ordre ; ils devoient donc insister irrévocablement pour la délibération par tête ; d'un autre côté, les membres des deux ordres ne pouvoient pas se flatter de cette unanimité qui dans les délibérations intéressantes pour eux auroit pu du moins produire le partage des opinions. Ces deux ordres étoient loin d'être d'accord entr'eux, et dans le mode par tête, le tiers profitant de leurs divisions, étoit assuré d'avoir toujours la majorité ; il étoit donc impossible que les deux ordres consentissent à cette réunion, comme il étoit impossible que le tiers consentît à voter par ordre.

La cour resta long-tems spectatrice de ce débat, qui devoit lui ramener la noblesse et le clergé, et lorsqu'un nouveau pacte d'alliance eut été conclu entr'eux, le roi vint tenir cette fameuse *séance royale*, dans laquelle il notifia ses ordres absolus ; c'est là qu'après avoir assuré aux deux premiers ordres la maintenue de leurs privilèges et de leurs immunités, il leur enjoignit de se retirer dans leurs chambres respectives. Il eut alors la douceur de voir qu'il étoit parfaitement obéi. Ces esclaves titrés poussèrent l'indécence jusqu'à applaudir avec une sorte de fureur à cet acte arbitraire.

Il n'en fut pas de même des vrais représentans du peuple ; ceux-ci ne s'en laissèrent point imposer par ces vaines démonstrations d'un pouvoir que l'opinion, qui à cette époque étoit une grande puissance, avoit jugé et condamné à l'impossibilité de nuire. Tout le monde connoît la réponse que firent les députés des communes à l'envoyé qui vint leur intimer l'ordre de sortir de leur salle. Il ne restoit plus qu'à dissoudre les états-généraux, et on se préparoit sans doute à cette mesure, quand on ordonna la fermeture de la salle des députés du tiers ; mais la réunion au jeu de paume , le serment qui y fut prononcé , le vœu de tous les citoyens ne permettoient pas d'en attendre un heureux succès.

D'ailleurs par cette dissolution la cour retomboit dans la même position où elle étoit auparavant, c'est-à-dire, qu'elle alloit encore avoir à lutter contre les parlemens dont elle avoit cru s'affranchir; contre la noblesse, qui n'auroit point oublié que la cour avoit voulu attaquer ses privilèges ; elle avoit de plus à redouter l'indignation du peuple. Il fallut donc consentir à la rentrée des députés du tiers dans leur salle, et la réunion spontanée de plusieurs membres de la noblesse et du clergé acheva de rendre leur dissolution impossible.

Bientôt une insurrection générale donna un caractère plus prononcé à la révolution ; l'abolition des privilèges et des distinctions devoit naturellement résulter de ce grand mouvement ; c'étoit contre eux que l'insurrection étoit dirigée. Je n'entrerai point dans le détail des circonstances qui accompagnent cette époque ; mais il est clair qu'elle porta un coup mortel à l'ancienne constitution politique : la royauté seule lui survécut, et l'on eut d'abord l'intention de la conserver ; mais par la nature des choses elle devoit subir le sort des parties qu'on avoit élaguées.

En effet, en conservant la royauté il falloit de quelque manière qu'on arrangeât les choses, laisser au roi la disposition des revenus et de la force armée, et comment s'assurer que tôt ou tard il n'emploieroit pas ces moyens contre une assemblée représentative, bien autrement gênante pour lui que des parlemens qui pouvoient l'ennuyer de leurs remontrances, mais qui en dernière analyse étoient forcés de lui obéir.

D'ailleurs les privilèges étoient détruits, mais les privilégiés ne l'étoient pas ; ce peuple ennemi du vrai peuple étoit toujours là pour donner la main à la royauté, et la seconder dans sa tendance à détruire la représentation nationale. On étoit donc placé dans l'alternative d'opter entre une représentation nationale sans roi, ou un roi sans représentation nationale.

Notre position étoit, à cet égard, bien différente de celle de l'Angleterre, où la non-existence des ordres privilégiés laissoit le roi sans appui, sans complice du projet qu'il auroit pu former de détruire le parlement ; il pouvoit le dissoudre, mais on savoit qu'il seroit forcé de le convoquer de nouveau et que toutes ces dissolutions ne l'empêchoient pas d'avoir une existence permanente.

Ajoutons que l'Angleterre défendue par la nature même de sa situation topographique n'exigeoit pas l'entretien d'une ou de plusieurs armées pour sa défense, que par conséquent le roi ne pouvoit abuser d'un moyen qu'il n'avoit pas et qu'il falloit nécessairement lui donner chez nous.

Toutes ces considérations prouvent démonstrativement qu'il n'étoit pas en notre pouvoir de nous donner la constitution anglaise, et que nous avons été plus loin parce que, dans le fait, nous ne pouvions pas en rester là.

On essaya bien de s'en tenir à ce mode ; plusieurs des membres les plus qualifiés de ce qu'on appelloit l'ancienne noblesse votèrent eux-mêmes la suppression de leurs titres parce qu'ils immaginèrent qu'ils entreroient dans la chambre haute, et qu'à la place d'une noblesse purement aulique, ils acquerroient un droit politique héréditaire, un patriciat sénatorial bien préférable à leur stérile ancienneté, surtout depuis que des hommes, qu'ils appelloient nouveaux, obtenoient à la cour autant ou plus de faveur qu'eux-mêmes ; mais cet arrangement ne pouvoit convenir ni au reste de la noblesse dont il anéantisoit encore les privilèges, ni au roi dont il limitoit toujours la puissance, ni au peuple qui ne vouloit plus de distinction.

Si l'on avoit pu douter de l'esprit contre-révolutionnaire de la cour, on en eut une

preuve

preuve bien évidente dans la fuite du roi. Cependant on n'abandonna point le projet de conserver l'institution royale ; on fit une constitution dans laquelle elle étoit formellement maintenue, et à l'exception de deux ou trois républicains qui dans l'assemblée constituante votèrent contre ce projet, s'appuyant moins sur des raisons vraiment politiques que sur des considérations tirées de la conduite personnelle du roi, la nouvelle constitution réunit tous les autres suffrages.

Le roi accepta cette constitution, s'engagea solemnellement à la maintenir ; mais personne ne crut à la sincérité de cette acceptation, et cependant il auroit fallu cette persuasion de la sincérité du roi qu'il ne pouvoit pas donner lui-même, eut-il été sincère, pour fonder quelque espoir sur la stabilité du nouvel ordre des choses.

Quelques personnes ont cru qu'un changement de dinastie auroit pu concilier l'existence d'une représentation nationale avec la royauté, parce qu'elles ont imaginé qu'un nouveau roi auroit été intéressé à maintenir l'institution à laquelle il auroit dû son existence ; mais quand ce changement auroit été possible, il n'en seroit pas résulté l'effet qu'on en auroit attendu. La monarchie étoit condamnée à périr en France.

En effet, le nouveau roi n'auroit pas été plus curieux que l'ancien de conserver une puissance qui par cela même qu'elle l'avoit créé, pouvoit tout aussi bien le détruire, et à l'exception de quelques royalistes at-

B

tachés à l'ancienne dinastie , tous les autres se seroient groupés autour du nouveau monarque pour l'aider à renverser l'autorité populaire, afin de ressaisir leurs privilèges ; le roi acquérant par-là une autorité plus absolue sur le peuple et une plus grande sécurité pour son existence royale, il ne faut pas douter qu'il ne s'y fût prêté.

Il n'y avoit donc aucun moyen de perpétuer cette institution en France ; celui qu'on prit ne réussit pas parce qu'il ne pouvoit pas réussir. On a accusé ceux qu'on a appelé *jacobins* d'avoir renversé le trône ; mais comme nous l'avons déjà dit, il falloit opter entre lui et la représentation nationale ; tout le talent de l'orateur qui a défendu le dernier roi dans son procès n'a pu le disculper des reproches de contre-révolution et d'intelligence avec les ennemis ; il s'est appuyé, pour le sauver, du principe de l'inviolabilité décrété dans la constitution , parce qu'il n'y avoit aucun moyen de prouver son innocence. Il est donc bien certain qu'aux termes où nous en étions, il falloit que la royauté fût détruite ou qu'il n'y eût point de représentation nationale , et dans cette alternative, il est clair que c'étoit la première qui devoit périr.

En effet, qu'elles eussent été les conséquences d'un pas rétrograde ? la servitude la plus intolérable du peuple dont on n'auroit jamais cru les chaînes assez bien rivées , un renforcement d'insolence et d'oppression de la part de cette noblesse qui auroit voulu prendre sa revanche des mépris qu'elle venoit d'essuyer, des vengeances atroces, et enfin de longues et sanglantes guerres civiles.

Et remarquez que le peuple auroit été d'autant plus disposé à l'insurrection, que n'ayant pas l'expérience des maux qui ont suivi la chûte de la royauté, il se seroit fait une image ravissante du bonheur qui lui étoit promis, s'il avoit su maintenir son assemblée représentative, et que le désespoir d'avoir perdu cette occasion d'être libre l'auroit encore armé pour détruire les obstacles qui s'y seroient opposés ; de manière qu'il auroit toujours fallu finir par détruire ce trône qu'on avoit voulu s'obstiner à conserver contre la force des choses qui en exigeoit l'abolition.

Aussi le peuple a bien senti par instinct qu'il n'avoit pas de choix à faire, et il a laissé supprimer la royauté sans manifester aucune opposition, ce qui ne seroit pas arrivé, malgré tout ce qu'on a pu dire des factions, si son intérêt n'avoit pas été d'accord avec celui des factions régicides.

Je sais que de grands malheurs ont accompagné la chûte du trône, et que les circonstances ont pu lui créer des regrets qu'il ne méritoit pas ; mon but n'est que de faire sentir que la révolution une fois commencée, la chûte du trône étoit forcée, et qu'en cela notre révolution diffère absolument de celle de l'Angleterre, qui, par elle-même, n'entraînoit pas la destruction de la royauté.

Nous allons maintenant examiner lequel des deux peuples, après cet évènement qui leur est commun, s'est trouvé dans les cir-

constances les plus favorables à l'établissement du gouvernement républicain.

De l'établissement de la République en Angleterre et en France.

Quoiqu'en ayent dit les philosophes et les publicistes, je pense que c'est une erreur de croire qu'il est libre à un peuple de se donner telle ou telle forme de gouvernement : depuis que nous nous sommes écartés du mode naturel de société dans lequel il n'y a point de gouvernement proprement dit, nous recevons celui que nous donnent les circonstances et nous ne sommes pas maîtres de le créer à volonté comme on a tâché de le persuader dans ces derniers temps.

J'entends par circonstances, non-seulement la position locale, le degré de population, les progrès de l'industrie et des lumières ; mais encore les accidens particuliers, les événemens qui se succèdent dans tel ou tel ordre et qui commandent telle ou telle mesure, tel ou tel arrangement, ce qui à la longue produit un état des choses qu'on n'a ni prévu ni déterminé, et auquel cependant il faut se soumettre, eût-on la volonté de ne pas s'y conformer.

Lorsque les événements et les motifs qui tendent à l'adoption d'un nouveau mode sont moins impérieux que ceux qui tendent à la conservation de l'ancien, ceux-ci l'emportent ; dans le cas contraire quelques efforts qu'on fasse pour rétablir ce que la force des choses a détruit, on lutte inutilement contre cette puissance, c'est vouloir ressusciter un cadavre.

Ce concours de circonstances propres à forcer la destruction d'un gouvernemet et à l'empêcher de se rétablir n'existoient point en Angleterre quand on a voulu que la république succédât à la monarchie.

Vous admettez, citoyen représentant, comme une des raisons essentielles de l'introduction de la république et des motifs qui devoient faire adhérer la nation angloise à cette forme de gouvernement, l'existence antérieure d'une représentation nationale; mais je ne sais si ce nétoit pas plutôt un appui pour la monarchie, car la monarchie ayant subsisté avec la représentation nationale on n'avoit pas besoin de la détruire pour se donner cette institution. La royauté n'etoit pas en insurrection contre elle; on avoit l'expérience de leur accord et de leur marche simultanée, ainsi cette circonstance qui vous paroît avoir favorisé l'établissemment de la république est bien loin d'être ce qu'elle vous paroît. Cela est si vrai que si elle avoit existé en France, il est très-présumable que la monarchie subsisteroit encore. C'est précisément parce que la royauté étoit moins absolue en Angleterre qu'elle y étoit plus difficile à détruire et plus facile à rétablir.

Une autre circonstance qui vous paroît très-favorable c'est que le parti royaliste avoit été complettement vaincu. Je crois que vous vous trompez encore ici; car si nous n'avions point à craindre la rentrée des émigrés, je compterois bien moins sur la stabilité de la république.

B 3

Vous argumentez aussi de la situation physique de l'Angleterre qui n'a pas besoin d'entretenir des troupes pour le maintien de sa sûreté extérieure ; vous dites que toute sa force intérieure peut être purement nationale et que cette force loin d'être inquiétante est au contraire le plus ferme appui d'une constitution libre. Vous ajoutez qu'elle étoit alliée avec toutes les puissances, et que la république angloise avoit pour elle, en Europe, le parti protestant, parti énergique et puissant.

Je suis bien loin de vos idées, car je ne vois rien dans tout cela qui qui dût assurer le succès de la république. Ce fut avec cette force intérieure que Cromwel se fit roi, sous le titre de protecteur, chassa les membres du parlement et mit sur la porte de leur salle : *chambre à louer* ; c'est la paix avec toutes les puissances et cette grande sécurité pour les frontières, qui fit de la force armée un instrument oppressif et contre-révolutionnaire dans l'intérieur ; car si l'on avoit eu des ennemis à combattre au dehors, les troupes n'auroient pas pu venir dans Londres rivaliser avec le parlement et s'arroger le droit de gouverner. Leur activité eût été employée ailleurs ; peut-être malgré l'excellent esprit de nos armées n'avons nous dû qu'à nos dangers extérieurs leur non-intervention dans les affaires domestiques.

A l'égard de l'appui du parti protestant en Europe, c'est encore une circonstance très-indifférente à l'établissement de la république, car il importoit fort peu à ce parti qu'il y eût ou qu'il n'y eût pas une république en Angleterre , pourvu qu'elle fût gouvernée par un prince protestant ; encore ceci le touchoit bien moins dans ses rapports avec l'Angleterre qu'avec les autres états du continent. Ainsi, de toutes les considérations que vous avez alléguées pour prouver que la république devoit avoir lieu en Angleterre, la plupart me paroissent contraires à votre système et les autres lui sont parfaitement indifférentes.

C'est précisément parce que nous ne nous sommes pas trouvés dans des circonstances, selon vous si favorables , et que notre révolution a un caractère tout différent de celle de l'Angleterre, que la république s'est établie chez nous, et qu'il est naturel de croire qu'elle s'y maintiendra ; car elle a été chez nous le fruit de la nécessité bien plus que de l'envie que nous avions d'être républicains , et cette nécessité subsistant toujours , présente une garantie contre laquelle ne prévaudront jamais , telle est du moins mon opinion , aucune des tentatives contre-révolutionnaires.

Montesquieu a regardé comme un spectacle intéressant de voir l'Angleterre après de longues agitations pour établir la démocratie , forcée enfin de se reposer dans le gouvernement monarchiques; mais j'espère que les politiques à venir verront avec plus d'intérêt encore , la France , après de longues agitations pour rétablir la monarchie, forcée enfin de se reposer dans le gouvernement républicain , parce qu'ils ne seront pas présidens à mortier comme l'étoit Montesquieu , et que le spectacle de l'homme rétabli dans sa dignité doit avoir un tout autre intérêt que celui de l'homme retombé dans de sa dégradation.

Il s'en falloit bien que l'Angleterre eût pour l'établissement de sa république et pour gage de sa stabilité cette garantie de la nécessité qui me semble indubitable chez nous. Ce qui le prouve, c'est comme vous le dites vous-même, que, quand on vit le roi abattu, et qu'on conçut la possibilité de faire avec lui un établissement politique qui empêchat le retour des abus dont on avoit eu à se plaindre, et assurât d'une manière solide la liberté nationale, il s'éleva de toutes les parties de la nation un cri pour la paix.

Or, ces cris ne s'élevèrent que parce qu'on sentoit que cet arrangement étoit possible, et il l'étoit en effet, il n'y avoit rien à changer dans la constitution de l'état pour satisfaire le vœu du peuple, ou du moins il n'y avoit à faire que des réformes peu importantes, et qui ne tenoient point à l'essence même de la constitution. La représentation nationale restoit toujours parce que le peuple vouloit qu'elle restât, et qu'il étoit également de l'intérêt du roi de la conserver ; on pouvoit transiger avec lui sans craindre qu'il eût l'arrière pensée de la détruire, et quand il l'auroit eue, on sentoit qu'il ne le pouvoit pas ; il avoit lui-même, pendant la guerre, formé un parlement dans son camp, composé d'une section du parlement insurrecteur : on avoit donc tous les élémens nécessaires pour traiter solidement avec le roi.

Ce qu'on ne fit pas en Angleterre, nous l'avons fait en France ; mais nos circonstances n'étant pas celles de cette nation, ce qui eût infailliblement réussi chez les anglais, n'a pas réussi chez nous, parce que notre position n'étoit pas la même : ici le peuple ne vouloit plus qu'il fût question des parlemens, et le roi qui avoit voulu les détruire ne demandoit pas mieux que de les rétablir ; le peuple ne vouloit plus de la noblesse ni du clergé, et le roi vouloit le clergé et la noblesse ; le peuple vouloit une assemblée de représentans, le roi n'en vouloit pas : rien ne pouvoit donc faire augurer la stabilité du traité entre le roi et le peuple, et l'évènement a prouvé combien il étoit absurde d'y croire.

Maintenant je demande de quel côté s'est trouvée la chance la plus favorable à la ré-publique ? est-ce en Angleterre où la royauté pouvoit très-bien s'accorder comme elle s'y est accordée depuis avec le vœu du peuple ? n'est-ce pas plutôt en France, où, par la nature des choses, il étoit impossible que l'exis-tence de la royauté ne contrariât pas ce vœu et ne tendît pas constamment à lui substituer des déterminations contraires ?

Nous allons à présent examiner la con-duite respective des deux peuples dans l'éta-blissement du gouvernement républicain, et voir si elle offre effectivement cette confor-mité qu'on lui suppose.

Qu'a-t-on fait en Angleterre et qu'a-t-on fait en France pour y établir la république ?

Je crois qu'on pourroit soutenir avec succès que la république n'a jamais existé en Angleterre. Cromwel étoit déjà roi lorsque Charles monta sur l'échafaud ; on ne voit dans cet évènement qu'un despote qui fait périr son compétiteur. La même chose est arrivée dans une foule de monarchies, sans qu'il en soit résulté un changement réel dans la forme du gouvernement, et c'est à-peu-près ce qui eut lieu en Angleterre. La royauté cachée sous la dénomination du protectorat, n'en fut que plus absolue, et enfin on lui rendit jusqu'à l'hérédité en permettant à Cromwel de désigner son successeur.

En France, la royauté fut abolie de droit et de fait, et aucun individu ne prit, sous une dénomination quelconque, la place de celui qui en étoit en possession : les généraux restèrent aux armées ; ceux qui voulurent tenter quelque chose en faveur de la royauté, loin de trouver des complices dans leurs soldats, y trouvèrent au contraire des dénonciateurs et des hommes prêts à en faire justice. C'est un exemple qu'aucune révolution n'avoit encore offert et qui autorise nos braves guerriers à joindre les palmes de la sagesse aux lauriers de la victoire.

Du moment où Cromwel fut arrivé au but où il desiroit de parvenir, il fit proclamer une amnistie en faveur des royalistes. En France, au contraire, ils furent proscrits avec une sévérité qui souvent confondit avec eux les meilleurs républicains ; toutes les institutions qui tenoient à l'ancien régime furent détruites, et il suffisoit de leur avoir appartenu pour être proscrits. On changea dans le civil et dans le militaire jusqu'aux dénominations qui pouvoient rappeler un régime abhorré. Le calendrier même ne fut pas excepté de cette réforme ; les provinces avoient été déjà transformées en départemens ; une nouvelle France sortit, en quelque sorte, des débris de l'ancienne; on ne se contenta pas de prononcer l'abolition de la monarchie, on voulut la détruire matériellement, et bientôt il n'en resta plus le moindre vestige.

L'Angleterre n'éprouva pas, à beaucoup près, une pareille métamorphose ; tout s'y réduisit au déplacement d'un homme auquel un autre se substitua, car les mêmes divisions territoriales, les mêmes institutions, les mêmes rapports entre les individus subsistèrent après comme auparavant ; Cromwel eut sa cour, son parlement, sa chambre haute, comme Charles : il qualifia ses pairs du titre de *milords*, comme le ci-devant roi ; il n'y eut donc pas, à proprement parler, de révolution en Angleterre, et c'est ce qu'a très-bien observé le membre de la chambre des communes, *Ersquine*, qu'on ne peut pas soupçonner d'ignorer l'histoire de son pays : il dit positivement dans une brochure qu'il a publiée, et dont on nous a donné la traduction , qu'en Angleterre *la monarchie étoit plutôt suspendue qu'anéantie* , parce que la révolution en avoit conservé tous les élémens.

La révolution française a poussé à l'excès le système contraire ; elle n'a jamais cru avoir assez détruit ; les hommes et les choses ont également payé le tribut à cette exagération révolutionnaire ; et si l'humanité, la politique même, ont pu trouver qu'en dépassant toutes les bornes elle dégénéroit en vendalisme et n'offroit plus que le spectacle révoltant d'une férocité insensée, il n'en est pas moins vrai qu'elle a extirpé le chancre jusques dans ses dernières racines, et l'a mis , par là, dans l'impossibilité de repousser.

Enfin , une constitution nouvelle et régulière , absolument différente de l'ancienne a succédée aux désordres anarchiques de la révolution ; elle a été mise en activité, nos victoires les plus signalées ont eu lieu sous ce nouveau mode, et quelque obstacle qu'opposent les mœurs et la corruption à son affermissement, elle existe ; il n'y a qu'elle de possible , ou le désordre absolu, l'entière dissolution du corps social ; car un homme, quel qu'il soit , ne peut pas se flatter d'en contenir toutes les parties ; il faut des institutions , et celles qui existent sont les seules compatibles avec notre situation , quoiqu'il s'en faille de tout que nos mœurs et nos habitudes soient en harmonie avec elles.

Rien de tout cela n'a eu lieu en Angleterre , l'ancienne constitution a continué de régir ses habitans ; ce n'est qu'à l'abdication de Richard Cromwel qu'on a voulu la rendre absolument républicaine ; mais cette constitution, en possession de la royauté depuis le commencement de son existence, la réclamoit toujours ; c'est ce que n'eut pas fait une institution nouvelle dans toutes ses parties : il est donc vrai de dire que la circonstance d'une représentation nationale antérieure, à laquelle se trouvoit liée la royauté, loin de favoriser l'introduction du mode purement républicain, étoit au contraire un obstacle à ce mode, et un obstacle peut-être plus grand qu'on ne l'imagine.

Je vous accorderai sans peine que les factions et les partis qui éclatèrent en Angleterre, ne se conduisirent pas avec une extrême sagesse, c'est une marche commune à tous les partis ; mais on s'abuseroit si l'on croyoit que ce furent leurs divisions qui empêchèrent la république de s'établir dans cette isle ; elle ne s'y établit pas parce qu'elle ne devoit pas s'y établir, et que si Charles II n'étoit pas monté sur le trône, c'est Lambert ou tout autre qui l'auroit occupé.

Au reste, citoyen représentant, ces factions ou ces partis qui, sur-tout dans votre ouvrage, paroissent offrir des traits frappans de conformité avec ceux que la révolution a créé chez nous, pourroient bien, d'après une analyse un peu sévère, être trouvés très-différens dans leurs principes et dans leur manière d'opérer ; tout le monde a cru voir dans vos presbitériens, ceux qu'on a nommé chez nous *fédéralistes* ou *modérés* , et dans vos *indépendans* , ceux qu'on a plus particulière- ment désignés sous le nom de *jacobins* ; mais le fait est que les presbytériens et les in- dépendans , conformément au génie de la ré- volution anglaise , étoient des bigots ou des fanatiques dont la grande affaire étoit la re- ligion ; la politique n'entroit que subsidiaire- ment dans leurs vues et simplement comme moyen d'obtenir les changemens qu'ils desi- roient dans le culte ; cela ne ressemble pas beaucoup à l'esprit qui a successivement ani- mé nos divers partis.

Vos indépendans qui , pour ressembler à nos jacobins auroient dû être les plus fougueux ennemis de la royauté , n'avoient pas , à beaucoup près , cette profonde aversion du royalisme que nos jacobins ont manifestée chez nous , puisqu'ils voulurent donner à leur Cromwel le titre de roi , et qu'ils souffrirent son faste , sa cour et ses dénominations aris- tocratiques , en faveur des inspirations di- vines dont il leur fit croire qu'il étoit gra- tifié.

D'un autre côté , vos presbitériens qui ne votèrent point la mort de Charles , pouvoient bien ne pas être aussi républicains que vous l'imaginez : Je crois que vous leur faites trop d'honneur en leur prêtant un système de po- litique qu'ils n'avoient pas , et ce qui le prouve , c'est que dans la seconde révolution, qui fut encore leur ouvrage et qui se termina par la fuite du roi Jacques , ils pouvoient en- core établir la république si elle avoit été le

véritable objet de leur ambition ; mais soit
qu'ils eussent reconnu l'impossibilité d'arriver à ce but, soit qu'ils ne désirassent que
de s'assurer le libre exercice de leur culte,
ils se bornèrent à déposer le roi fugitif et
couronnèrent l'usurpateur sans profiter même
de tous les avantages que leur offroit une pareille circonstance pour donner plus d'extension et plus de garantie à la liberté publique. Je ne vois pas trop ce qu'on peut in-
ferer de la conduite de ces hommes à celle
que les divers partis ont tenu chez nous.

Les royalistes anglois ne ressembloient pas
non plus à nos royalistes ; ceux-là, conformément à la constitution de leur pays, vouloient
une représentation nationale et ceux-ci n'en
veulent point. L'historien des *révolutions d'Angleterre* nous dit que ceux qui étoient auprès
du roi vouloient la conservation du parlement
et qu'un grand nombre de ceux qui étoient au
parlement vouloient la conservation du roi.
Il me semble que tout cela ne ressemble point
à notre hypotèse et que ceux qui espèrent que
notre révolution finira comme celle de l'Angleterre, parce qu'elle leur paroît offrir les
mêmes élémens, sont bien loin d'avoir ap-
profondi l'une et l'autre de ces révolutions.

Les excès des partis en Angleterre, ne pouvoient que compromettre le sort de la révolution, parce que là il s'agissoit moins de détruire
que de perfectionner un régime existant ; mais
en France où tout étoit à détruire et où aucune
partie de l'ancien régime ne pouvoit s'amal-
gamer avec le nouveau, ceux qui ont poussé
cette manie destructive au-delà même des

bornes qu'exigeoit la réédification, ne pouvoient pas imprimer, par leurs excès, une
marche rétrograde ; aussi c'est bien inutilement que des royalistes se sont faits chez nous
comme en Angleterre, tantôt modérés et tantôt
républicains *à toute outrance*; ils ont cru,
parce que cette tactique avoit réussi aux royalistes anglois, qu'elle leur réussiroit de même
chez nous ; mais ils n'ont pas vu que la position n'étoit pas la même et que les motifs et
les moyens de retour à l'ancien ordre des choses
qui existoient en Angleterre, n'existoient
point en France ; que par conséquent ils per-
doient tous les frais de leur hypocrisie, et que
cette conduite agravoit leur position au lieu
de l'améliorer.

Nous pouvons encore conclure de ceci, que
chez-nous la conduite des patriotes énergiques,
à l'exagération près, loin d'être inconséquente,
comme l'étoit celle des indépendans en Angleterre, étoit parfaitement conforme à l'esprit de la révolution, tandis que celle des modérés ou du parti qui semble répondre à celui
des presbytériens, avec toute sa sagesse et toute
la supériorité de lumières dont il a cru se pré-
valoir, étoit réellement à contre-sens de la
révolution, et pouvoit si-non la rendre illu-
soire, du moins plus fatale encore dans ses
suites désastreuses.

Mais si la révolution a échoué en Angleterre, et si elle se soutient en France, je ne
crois pas qu'il faille l'attribuer à l'accord ou
à la division des partis. C'est une cause su-
périeure à toutes ces considérations qui a
rendu

rendu l'établissement de la république impossible en Angleterre, et qui me semble rendra
impossible chez nous le rétablissement de la
monarchie. Les partis sont les instrumens
des révolutions ; mais ils ne peuvent pas en
changer le caractère, car ils ne sont que ce
que la révolution les fait : ils lui commandent
bien moins qu'ils ne lui obéissent.

En Angleterre, la [révolution ayant pour
but de ramener les tems primitifs du chris-
tianisme, a dû, par l'exagération de son motif, produire des inspirés, des illuminés, des
trembleurs, des gens à révélation, des partisans de l'égalité, mais dans le sens de la fra-
ternité chrétienne.

En France, au contraire, la révolution
étant motivée par la haine bien sentie des pri-
viléges et des distinctions, l'exagération de
ce motif a dû y produire des hommes pour
qui les talens, les lumières, une éducation
soignée et un peu plus de fortune, ont dû
être un brevet d'aristocratie ; ainsi nos *nive-
leurs* ne ressemblent point aux *Levellers* ;
c'est un esprit différent, un autre genre
d'excès, produit par la différence respective
des deux révolutions, par leur génie parti-
culier, qui imprime des modifications dif-
férentes aux élémens dont chacune de ces révolutions se compose.

Je ne finirois point si je voulois analyser
jusqu'à quel point ces deux époques diffèrent
dans leurs circonstances essentielles et dans
leurs moindres accidens : je crois en avoir dit
assez pour prouver qu'il n'y a pas entre elles

cette grande analogie qu'on a cru y appercevoir. Je passe maintenant à l'examen des facilités que dut trouver la contre-révolution
en Angleterre, et aux difficultés insurmon-
tables que l'état des choses lui oppose en
France.

*Facilités que dut trouver la contre-révolu-
tion en Angleterre. Difficultés qu'elle
éprouveroit en France.*

Il n'y avoit eu rien ou presque rien de
détruit en Angleterre, et le rétablissement
de ce qu'on avoit supprimé n'entraînoit pas
des conséquences propres à affecter la majorité du peuple dans ses rapports individuels.
La chose à laquelle on avoit donné le nom de
république n'étoit qu'une monarchie plus
absolue, plus oppressive que l'ancienne ; un
gouvernement véritablement républicain et
absolument différent de l'autre, n'avoit pas
établi de nouvelles institutions, créé de nouveaux rapports civils, politiques et militaires,
à l'existence desquels fut lié le sort de la
presque totalité des individus. Il ne s'agissoit
pas du renversement total de l'ordre bon ou
mauvais, mais enfin de l'ordre existant : on
pouvoit espérer de se reposer dans l'esclavage
et de conserver encore quelqu'apparence de
liberté.

Le prétendant pouvoit promettre qu'il
maintiendroit la représentation nationale ;
qu'il l'empêcheroit de devenir tyrannique ;
il pouvoit satisfaire le motif de la révolution

en proclamant la liberté des cultes , en ac-
cordant aux puritains et aux diverses sectes
émanées de cet esprit de réforme toute la la-
titude compatible avec la sûreté de l'état.

Il pouvoit aussi promettre que chacun con-
serveroit son rang et sa solde dans l'armée ;
que toutes les transactions faites pendant la
révolution seroient maintenues ; qu'une amnistie dont le parlement seroit garant , empêcheroit qn'on ne recherchât ceux qui avoient
pris part à la révolution. Ces promesses, qu'il
pouvoit faire et qu'il fit en effet, il pouvoit les
faire de bonne foi , sans qu'on pût dire qu'il
prenoit des engagemens qu'il ne seroit pas
le maître de remplir, ou qu'il ne voudroit pas
remplir.

On avoit , d'un autre côté , dans la représentation nationale , une garantie suffisante
de l'exécution de ces promesses , et dans tous
les cas , un moyen de forcer le roi à les tenir
s'il avoit voulu les violer jusqu'à un certain
point.

On n'avoit pas à craindre qu'un peuple de
nobles et de prêtres émigrés vînt, par la contre-révolution , fondre sur le vrai peuple pour
déposséder et massacrer d'abord les acquéreurs de biens nationaux , faire payer aux
autres les arrérages des dîmes et des censives;
et comme la plupart se trouveroient dans
l'impossibilité de les payer , s'emparer de
leurs biens , ou réduire leurs possesseurs à la
servitude de la glèbe.

On n'avoit pas à craindre que tout cela ne
pouvant s'effectuer sans quelque opposition

de la part du vrai peuple , il n'en résultât à
la fin la plus affreuse guerre civile que le roi
réintrônisé ne seroit pas le maître d'empêcher ; guerre qui finiroit par le renverser une
seconde fois , pour rétablir encore le gouvernement populaire ou une aristocratie nobi-
liaire , selon que le peuple ou les nobles et
leurs adhérens l'emporteroient.

Rien de tout cela n'étoit à craindre en Angleterre , parce qu'il n'y avoit pas , ainsi que
nous l'avons observé , ce peuple de nobles et
de prêtres , ennemi du vrai peuple : tout s'y
réduisoit à quelques lords spirituels et tem-
porels ; aussi n'y avoit-il point eu d'émigra-
tion , et le rétablissement de la chambre haute,
circonstance assez indifférente à la majorité
du peuple , remplissoit le vœu de cette petite
portion d'aristocratie , et la consoloit parfaitement de ses désagrémens révolutionnaires.

Il me semble que ceci constitue une hypo-
thèse bien différente de la nôtre , et remarquez cependant que quoique rien ne fût plus
naturel que la contre-révolution en Angle-
torre , et quoiqu'elle y fût provoquée par le
mécontentement du peuple , il fallut toute
l'incapacité de Richard Cromwel , et tout le
profond machiavélisme de Monk, pour qu'elle
y eût effectivement lieu ; sans ces deux circonstances , qui pouvoient très-bien ne pas
s'y rencontrer , le peuple , avec tout son mécontentement , eut été forcé de s'arranger
pour vivre dans un autre ordre de choses ;
Charles II ne fut pas remonté sur le trône ,
et la famille Stuart eut joué définitivement

à cette époque le rôle qu'elle a joué depuis, et qui s'est terminé il n'y a pas long-tems, par la mort d'un cardinal à Rome.

Le mécontentement du peuple n'est donc pas une raison suffisante de croire au changement de la constitution politique d'un état, parce qu'il en est rarement la cause déterminante : il faut que d'autres circonstances coïncident avec ce mécontement ; si ces circonstances ne se présentent pas ou ne peuvent pas se présenter, si la nature des choses les repousse, le peuple insensiblement se résigne, s'habitue à la condition, bonne ou mauvaise dont il est en possession, et finit par perdre cette inquiétude, cette versatilité, ces agitations dont quelquefois il souffre plus que de la réalité de ses maux, et qui sont elles-mêmes une véritable maladie.

Je conviens avec vous que le peuple aime le repos, il peut le chercher dans l'esclavage même ; mais encore faut-il que l'esclavage le lui promette, et qu'il ait quelque certitude ou quelque probabilité qu'il l'obtiendra par ce lâche abandon de soi ; c'est ce que la contre-révolution offrit au peuple anglais, et je ne crois pas qu'elle puisse nous donner les mêmes espérances.

En effet, que peut nous promettre Louis XVIII ou tel autre prétendant à sa place ? nous dira-t-il qu'il empêchera les émigrés de rentrer, que les acquéreurs des domaines nationaux resteront paisibles possesseurs de leurs acquisitions, que nos braves militaires conserveront leur rang et leur solde dans les armées , qu'il conservera les administrations départementales , les tribunaux , le corps législatif et en un mot toutes les institutions de la république ?

Quand il nous feroit de semblables promesses , se trouveroit-il quelqu'un d'assez insensé pour y croire ? ne verroit-on pas arriver à sa suite les douze parlemens , le grand conseil , les intendans et les gouverneurs de province , le haut et le bas clergé , la noblesse grande et petite. Si Charles II avoit eu à déverser tout cela sur la nation anglaise, quelque mécontens que fussent les anglais de leur république , je doute qu'ils l'eussent accueilli ; ils l'auroient laissé à Breda avec tout son cortège , et le royaliste Monk auroit eu beau machiavéliser son retour , la force des choses auroit toujours fait échouer cette négociation.

Mais Charles II arrivoit seul , il venoit dans le plus mince équipage , ce n'étoit qu'un homme de plus en Angleterre. Voilà ce qui rendit exécutable le projet de l'y faire rentrer, et ce qui s'opposera toujours à la rentrée en France de Louis XVIII, quoique notre incivisme , notre corruption et nos habitudes serviles fussent très-propres à l'y attirer.

Il n'y a donc pas de contre-révolution à attendre de ce côté là, et si elle s'effectuoit dans ce sens, soit par le triomphe de la coalition, à laquelle je suis bien loin de supposer le projet de rétablir Louis XVIII, soit par tout autre moyen , on peut prévoir qu'elle ne tarderoit pas à être elle-même contre-révolutionée ; car on ne peut pas supposer sans la plus extrême folie , que les nobles rentrés et leurs partisans dans l'intérieur , ne se livrassent pas à tous les excès de la plus horrible vengeance , qu'ils ne voulussent point exproprier et massacrer les acquéreurs des biens nationaux , chasser les républicains des armées, pour reprendre des places auxquelles ils se croiroient des droits exclusifs , forcer le payement de ce qu'ils appeloient leurs droits seigneuriaux et des arrérages , reprendre leurs titres et leurs dignités , et réduire le peuple à la plus affreuse servitude.

Le roi les seconderoit dans leurs vues ou tenteroit de s'y opposer ; dans le premier cas, les nobles enhardis par l'appui de leur roi , donneroient, pour ainsi dire, carte blanche à leurs ressentimens et à leurs fureurs ; ils les pousseroient au point qu'ils forceroient les plus insoucians à se révolter ; le peuple se lèveroit encore contre la royauté qu'on auroit voulu rétablir , la guerre civile s'organiseroit partout , et il n'y auroit pas un seul point du territoire qui ne fût humecté du sang français.

Dans la supposition où le roi voudroit contenir ses nobles , ses royalistes , et les empêcher de se gorger du sang du peuple , il deviendroit lui-même l'objet de leur ressentiment, il périroit par eux s'il ne périssoit pas par le peuple.

Tel seroit le résultat de la contre-révolution opérée par ou pour Louis XVIII. J'invite ceux à qui le mécontentement du régime républicain fait desirer le retour à l'ancien ordre des choses , je les invite , dis-je, à peser ces réflexions , et je leur demande , fussent-ils royalistes , s'ils ne seront pas effrayés du vœu qu'ils osent former , et s'ils croyent de bonne foi que la contre-révolution puisse s'effectuer en France comme elle s'est effectuée en Angleterre ?

Mais pour épuiser toutes les hypothèses , supposons au lieu de Louis XVIII , qu'un étranger ou un simple citoyen usurpe l'autorité suprême en France , nous ne sommes pas alors prémunis par les mêmes craintes contre la démangeaison qui pourroit nous prendre de rétablir la royauté. Cet étranger , ou ce simple citoyen que vous appellerez roi, protecteur ou dictateur , à qui vous donnerez, en un mot, ou qui prendra telle dénomination qu'il vous plaira , n'aura aucun intérêt à laisser rentrer vos plus cruels ennemis , il pourra donc les empêcher de rentrer ; mais il faudra , pour consolider sa puissance , qu'il abolisse toutes les nouvelles institutions , qu'il soit tyran dans toute la force du terme , que le grand nombre de ses satellites constitue une nouvelle noblesse qui aura le peuple à sa discrétion ; ce sera bien autre chose qu'un Cromwel , et quand il existeroit un être assez audacieux pour entreprendre de jouer un pareil rôle , quand notre profonde corruption lui fourniroit même des complices , n'est-il pas évident que sa puissance ne seroit qu'éphémère , parce que sa destruction seroit inévitablement le vœu de tous les partis.

Il

Il me semble, d'après toutes ces considérations, que le rétablissement de la monarchie, de quelque manière qu'on l'envisage, et quelle que soit la conduite des partis qui s'agitent pour la rétablir ou pour empêcher qu'elle soit rétablie, est absolument impossible en France ; que par conséquent il n'y à aucune induction à tirer des progrès ni des suites qu'eut la révolution en Angleterre, pour présager qu'elles seront les suites de la notre. La garantie de la stabilité de la république que nos vertus ne peuvent pas nous offrir, nous est assurée par la nécessité des circonstances. Nous sommes forcés à être républicains ou à n'être rien. Les anglais ne se sont pas trouvés dans cette alternative, ils ont pu revenir sur le passé, nous ne le pouvons pas.

Voilà, je crois, le véritable état de la question ; aussi, quoique M. Pitt, qui, dans d'autres circonstances, a dit au parlement d'Angleterre qu'on pourroit faire la paix avec les français républicains, ait en dernier lieu chanté la palinadie et déclaré qu'il ne suffisoit pas que nous rentrassions dans nos anciennes limites, qu'il falloit encore que nous fussions monarchisés pour qu'on fît la paix avec nous ; je ne présume pas que l'intention de M. Pitt ni de ses co-associés, soit de rétablir la royauté en France, parce qu'ils savent très-bien que cela n'est pas possible. M. Pitt n'est pas homme à confondre notre révolution avec celle qui eut autrefois lieu dans son pays ; il est trop versé dans la politique

pour ne pas voir que le résultat de ces deux
évènemens ne peut pas être le même ; mais il
falloit présenter cette chance à nos mécontens
et à nos royalistes pour les encourager à
introduire chez nous les russes et les autri-
chiens ; voilà le motif de la nouvelle décla-
ration de M. Pitt à la chambre des communes.

Ce qu'il n'a pas dit et ce qu'il est permis de
deviner, c'est que si les russes et les autri-
chiens entroient chez nous par l'assistance que
leur donneroient les mécontens et les royalistes que M. Pitt compte parmi ses auxiliaires,
loin de songer à rétablir Louis XVIII ni tout
autre prétendant, on s'occuperoit à morceler
la France. Le travail est peut-être déjà tout
fait au cabinet de St.-James, et je conviens
que notre révolution peut finir de cette manière, si notre imprévoyance, notre égoïsme,
notre corruption, nos regrets insensés se-
condent les vues de M. Pitt plutôt que les
efforts de nos braves militaires.

Il n'entre pas dans mon plan d'examiner
quelles seroient les conséquences de cette
dislocation ; mais il est facile de les imaginer :
tous les établissemens nationaux détruits, les
villes les plus populeuses et les plus florissantes
anéanties par l'anéantissement des rapports
intérieurs auxquels elles devoient leur pros-
périté ; l'état civil et politique des citoyens
perdu sans retour, les français devenus étrangers dans leur propre pays où des étrangers do-
mineroient et occuperoient toutes les places
civiles, politiques et militaires que compor-

teroit le démembrement, des taxes exces-
sives et arbitrairement imposées sur tous ceux
qu'on soupçonneroit d'avoir quelque aisance ,
car il faudroit bien qu'ils payassent les frais
des funérailles du nom français et de tout ce
qu'il en auroit coûté pour enterrer la France.
Les sacrifices qu'on n'auroit pas voulu faire
pour cette *maudite république*, il faudroit
les faire , et de plus grands encore , pour
n'être plus rien. Un même tombeau réuni-
roit toutes les factions , tous les partis , tous
les intérêts ; mais la paix seroit rendue à l'Europe, suivant l'expression de M. Pitt, et ceux
qu'importune chez nous la qualification du
mot *citoyen*, auroient la satisfaction de ne
plus s'entendre nommer que *messieurs*, parce
qu'en effet il n'auroient plus de cité , plus de
gouvernement, et en un mot plus de patrie !

Tel est, citoyen représentant , le sort qui
nous est réservé, si nous manquons à nos des-
tinées ; mais j'espère encore que par un heureux retour sur eux-mêmes , les gouvernans
et le peuple sentiront la nécessité de prendre
les mesures que commande notre situation ;
que le corps législatif, le directoire, toutes
les autorités donneront l'exemple des sacrifices les plus généreux , du dévouement le
moins équivoque à la patrie ; que la nation
électrisée par eux, reprendra son attitude im-
posante , exterminera les barbares et déjouera
les projets de la coalition.

Avec le tems nous deviendrons républicains;
des institutions qu'il faudra bien maintenir
parce que nous ne pourrons pas en avoir

d'autres, influeront à la longue sur les mœurs
et sur les opinions ; il faudra bien renoncer à
cette soif exagérée de l'or, quand on verra
qu'au lieu de mener, comme autrefois, à la
considération, elle ne conduit qu'à l'infamie ;
l'exemple de quelques magistrats suprêmes,
traînés dans la boue après leur directoriat, et
exposés, pour ainsi dire, au carcan de l'opinion publique, rendra plus circonspects ceux
qui leur succéderont ; ils sentiront qu'il leur
est plus avantageux de se faire un trousseau
d'actions généreuses et désintéressées, qu'un
trousseau d'argent, et qu'en sortant du directoire ou du corps législatif, pauvre, mais
considéré, on se prépare des jouissances,
tandis qu'en suivant une marche contraire,
on empoisonne le reste de sa vie et on se la
rend à jamais misérable.

L'expérience conduira naturellement à
faire ce calcul, et quand son exactitude se
sera plusieurs fois vérifiée, la corruption monarchique disparoîtra insensiblement du sol
que nous habitons ; les vertus y prendront la
place des vices, et la république existera de
fait parce qu'elle sera dans le cœur de tous
les citoyens.